25

Para

com votos de paz.

/ /

Tolerância na
Atualidade;
Princípio de Honra

Divaldo Franco

Pelo Espírito Joanna de Ângelis

Jesus e Atualidade

Série Psicológica Joanna de Ângelis
Vol. 1

Salvador
11. ed. – 2013

11. ed. – 2013
5000 exemplares (do 18º ao 22º milheiro)

Revisão: Christiane Barros Lourenço
Prof. Luciano de Castilho Urpia
Editoração eletrônica: Lívia Maria Costa Sousa
Capa: Cláudio Urpia
Coordenação editorial: Luciano de Castilho Urpia
Produção gráfica:

LIVRARIA ESPÍRITA ALVORADA EDITORA
Telefone: (71) 3409-8312/13 – Salvador – BA
E-mail: <vendaexternaleal@terra.com.br>
Homepage: www.mansaodocaminho.com.br

Dados Internacionais de Catalogação na Publicação (CIP)
(Catalogação na Fonte)
Biblioteca Joanna de Ângelis

FRANCO, Divaldo Pereira.
F895 *Jesus e atualidade*. 11. ed. / pelo Espírito Joanna de Ângelis [psicografado por] Divaldo Pereira Franco. Salvador: LEAL, 2013. (Série Psicológica, volume 1).
92 p.
ISBN: 978-85-8266-002-7
1. Espiritismo 2. Psicologia 3. Jesus I. Divaldo Pereira Franco II. Joanna de Ângelis III. Título

CDD:133.90

Impresso no Brasil
Presita en Brazilo

SÚMULA

Jesus e Atualidade 7

1. Jesus e Desafios 11
2. Jesus e Reencarnação 15
3. Jesus e Humanidade 19
4. Jesus e Amor 23
5. Jesus e Tolerância 27
6. Jesus e Honra 31
7. Jesus e Justiça 35
8. Jesus e Dever 39
9. Jesus e Alegria 43
10. Jesus e Coragem 47
11. Jesus e Decisão 51
12. Jesus e Responsabilidade 55
13. Jesus e Revolução 59
14. Jesus e Posses 63
15. Jesus e Tormentos 67
16. Jesus e Repouso 71
17. Jesus e Insegurança 75
18. Jesus e Sofrimentos 79
19. Jesus e Ingratidão 83
20. Jesus e Inimigos 87

Jesus e Atualidade

A atualidade do pensamento de Jesus surpreende os mais cépticos estudiosos da problemática humana, sempre complexa e desafiadora, nestes dias.

Profundo conhecedor da psique, Jesus penetrava com segurança nos refolhos do indivíduo e descobria as causas reais das aflições que o inconsciente de cada um procurava escamotear.

Não se permitindo derivativos nem adiamentos, enfrentava as questões com elevado critério de sabedoria, que desnudava as mais intrincadas personalidades psicopatológicas, propondo com rigor a terapia compatível, elucidando quanto à responsabilidade pessoal e eliminando a sombra *projetada, sob a qual muitos se ocultavam.*

Por processos mais demorados, a Psicologia Profunda chega, no momento, às mesmas conclusões que Ele lograva com facilidade há dois mil anos.

Roberto Assagioli, por exemplo, com sua psicossíntese, penetrou nas causas das enfermidades, apoiando-se na realidade "transpessoal" do ser como fator delas desencadeante.

Abraham Maslow descobriu a "psicologia do ser" e abriu espaço para o seu entendimento profundo em relação à psicogênese das enfermidades que deterioram a personalidade do homem.

Groff, relacionando a mente com o cérebro, vai mais além e defronta o ser imortal como agente de inúmeras psicopatologias.

Melanie Klein e Carl Johnson, de origem freudiana, propõem para os esquizofrênicos terapêuticas fundamentadas no amor, na caridade, no perdão cristão, como as de maior eficácia, embora se reconheçam arreligiosos.

A personalidade marcante de Jesus impressionava, de forma indelével, todos aqueles que O encontravam.

Identificado com Deus, demonstrava-O em todos os Seus passos, conclamando os ouvintes à conquista da realidade – o Reino dos Céus – que se encontra no imo de cada um.

A Sua proposta de aferição de valores – os materiais com os espirituais – oferecia a excelente oportunidade para o despertamento mental a respeito da vida e a consequente experiência vivencial em clima de harmonia íntima, com uma identificação entre as possibilidades e as circunstâncias existenciais.

Sem utilizar-se de expressões e conceitos interpolados, falava uma linguagem de simples apreensão pela massa ignorante e pelas mentes elitizadas que O buscavam.

Extraordinário narrador de histórias, uma das artes mais difíceis na área do discurso, e poeta ímpar, em razão das imagens puras na sua riqueza de cores e de significado, os Seus ensinamentos eternizaram-se, reconhecidos como dos mais belos jamais anotados pela gnose.

O Sermão da Montanha, considerado a "carta magna dos direitos humanos", é um desafio de não-violência, próprio para esta época, assim como foi para aquela em que Ele o enunciou. Os que O ouviram, jamais se desimpregnaram da sua magia incomparável.

Não somente, porém, Jesus é atual pelas terapias de amor e pelos ensinamentos que propõe ao homem contemporâneo, mas, também, pelo exemplo de felicidade e exteriorização de paz que irradiava.

Enquanto as ambições desregradas conduzem as inteligências ao paroxismo e à alucinação da posse, da fama, da glória, das disputas cegas, Ele ressurge na consciência moderna em plenitude, jovial e amigo, afortunado pela humanidade e a segurança íntima.

A atualidade necessita urgentemente de Jesus descrucificado, companheiro e terapeuta em atendimento de emergência, a fim de evitar-lhe a queda no abismo.

Pensando nesta inadiável questão, resolvemos apresentar, neste pequeno livro, vinte situações contemporâneas com ocorrências do cotidiano que aturdem a civilização, buscando respostas da conduta na terapia de Jesus, cujos resultados, obviamente, são a saúde, a paz e a felicidade, como experiências ainda não fruídas individual e coletivamente pelos homens.

Certa de que o caro leitor encontrará nestas páginas respostas para algumas das suas inquietações, rogamos a Ele que nos oriente e ampare no rumo que seguimos, ansiosos pela nossa realização total.

Salvador, 20 de fevereiro de 1989
Joanna de Ângelis

1

Jesus e Desafios

O processo de evolução constitui para o Espírito um grande desafio.

Acostumado às vibrações mais fortes no campo dos sentidos físicos, somente quando a dor o visita é que ele começa a aspirar por impressões mais elevadas, nas quais encontre lenitivo, anelando por conquistas mais importantes.

Vivendo em luta constante contra os fatores constringentes do estágio em que se demora, vez por outra experimenta paz, que passa a querer em forma duradoura.

No começo, são as dores com intervalos de bem-estar que o assinalam, até conseguir a tranquilidade com breves presenças do sofrimento, culminando com a plenitude sem aflição.

De degrau em degrau, ascende, caindo para levantar-se, atraído pelo sublime tropismo do Amor.

Conseguir o estágio mais alto significa-lhe triunfar.

*

Aturdido e inseguro, *descobre* uma conspiração quase geral contra o seu fatalismo. São as suas heranças passadas que agora ressurgem, procurando retê-lo na área estreita do imediatismo, em nível inferior de consciência, onde apenas se nutre, dorme e se reproduz, com indiferença pelas emoções do belo, do nobre, do sadio.

Anestesiado pelas necessidades vegetativas, busca apenas o gozo, que termina por causar-lhe saturação, passando a um estado de tédio que antecipa a necessidade premente de outros valores.

Lentamente desperta para realidades que antes não o sensibilizavam e, de repente, passam a significar-lhe meta a conseguir, sentindo-se estimulado a abandonar a inoperância.

O Psiquismo Divino, nele latente, responde ao apelo das forças superiores e desatrela-se do cárcere celular, qual antena que capta a emissão de mensagens alcançadas somente nas ondas em que sintoniza.

O primeiro desafio, o de penetrar emoções novas, o atrai, impelindo-o a tentames cada vez mais complexos, portanto, mais audaciosos.

Experimentando este prazer ético e estético, diferente da brutalidade do primarismo, acostuma-se com ele e esforça-se para novos cometimentos que, a partir de então, já não cessam, desde que, encerrado um ciclo, qual espiral infinita, outro prazer se abre atraente, parecendo-lhe cada vez mais fácil.

✶

Tudo na vida são desafios às resistências.

A Lei de Entropia *degrada* a energia que tende à consumpção, para manter o equilíbrio térmico de todas as coisas.

O envelhecimento e a morte são fenômenos inevitáveis no cosmo biológico e no Universo.

Os batimentos cardíacos são desafios à resistê
músculo que os experimenta; os peristálticos são test
tante para as fibras que os sofrem; a circulação do sangue é quesito essencial para a irrigação das células; a respiração constitui fator básico, sem o qual a vida perece. Tudo isso e muito mais, na área dos automatismos fisiológicos, a interferir nos de natureza psicológica.

É natural que o mesmo suceda no campo moral do ser, que nunca retrocede e não deve estacionar sob pretexto algum.

No progresso, a evolução é inevitável.

A felicidade é o ponto final.

*

Não cabe ao homem retroceder na luta, senão para reabastecer-se de forças e prosseguir nos embates.

O crescimento de qualquer ideal é resultado dos estágios inferiores vencidos, das etapas superadas, dos desafios enfrentados.

A sequoia culmina a altura e o volume máximos, célula a célula.

O Universo se renova e prossegue, molécula a molécula.

Facilidade é perda de estímulo com prejuízo para a ação.

Toda a vida do Mestre foi um suceder incessante de desafios.

Embates no Seu meio social e familial constituíram--Lhe os primeiros impedimentos, que foram ultrapassados, em razão da superior finalidade para a qual viera.

Ele não aceitou carregar o fardo do mundo em caráter de redenção dos outros, mas ensinou cada um a conduzir o seu próprio compromisso em paz de consciência; não assumiu as tarefas alheias, nem deixou de demonstrar como fazê-las; no entanto, altaneiro, sem presunção, tampouco sem submissão covarde.

Os desafios da sociedade injusta e arbitrária chegaram-Lhe provocadores, mediante situações, pessoas e circunstâncias; apesar disso, sem deter-se, Ele continuou íntegro, enfrentando-os sem ira ou medo.

Passou aquele tempo; todavia, permanecem os resíduos doentios.

Alterou-se a paisagem, não os valores, que prosseguem relativamente os mesmos, gerando obstáculos e insatisfações.

Enfrenta os desafios da tua vida, serenamente.

Não aguardes comodidades que não mereces.

Realiza a tua marcha, indômito, preservando os teus valores íntimos e aumentando-os na ação diária.

Quem teme a escuridão, perde-se na noite.

Sê tu aquele que acende a lâmpada e clareia as sombras.

Desafiado, Jesus venceu. Segue-O e nunca te detenhas ante os desafios para o teu crescimento espiritual.

2

Jesus e Reencarnação

Não fosse Jesus reencarnacionista, toda a Sua mensagem seria fragmentária, sem suporte de segurança, por faltar-lhe a justiça na sua mais alta expressão, propiciando ao infrator a oportunidade reeducativa, com o consequente crescimento para a liberdade a que aspira.

O amor por Ele ensinado, se não tivesse como apoio a bênção do renascimento corporal ensejando recomeço e reparação, teria um caráter de transitória preferência emocional, com a seleção dos eleitos e felizes em detrimento dos antipáticos e desditosos.

Com o apoio na Doutrina dos renascimentos físicos, Ele identificava de imediato quais os necessitados que estavam em condições de recuperar a saúde ou não, tendo em consideração os fatores que os conduziam ao sofrimento. E, por isso mesmo, nem todos aqueles que Lhe buscavam a ajuda logravam-na ou recuperavam-se.

Porque sabia ser enfermo o Espírito, e não o corpo, sempre se dirigia preferencialmente à individualidade, e não à personalidade de que se revestia cada homem.

Sabendo acerca da fragilidade humana, emulava à fortaleza moral, fiel à Lei de Causa e Efeito vigente no mundo.

Não apenas no diálogo mantido com Nicodemos vibrou a Sua declaração quanto à *necessidade de nascer de novo.* Ela se repete de forma variada, outras vezes, confirmando o processo das sucessivas experiências carnais, método misericordioso do Amor de Deus para o benefício de todos os Espíritos.

Nenhuma surpresa causara aos Seus discípulos a resposta a respeito do *Elias que já viera*, assim como a indagação em torno de quem Ele seria, segundo a opinião do povo, em razão de ser crença, quase generalizada à época, a pluralidade dos renascimentos.

✶

Espírito puro, jamais enfermou, enfrentando os fatores climáticos e ambientais mais diversos com a mesma pujança de força e saúde a se refletir na expressão de beleza e de paz nEle estampada.

Quem O visse, jamais O olvidaria, e todo aquele que Lhe sentisse o toque amoroso, ficaria impregnado pelo Seu magnetismo para sempre.

É verdade que não poucos homens, que foram comensais da Sua misericórdia, aparentemente O esqueceram... Todavia, reencarnaram-se através da História, recordando-O às multidões, e ainda hoje se encontram empenhados em fazê-lO conhecido e amado.

✶

A psicoterapia que Ele utilizava era centrada na reencarnação, por saber que o homem é o modelador do próprio destino, vivendo conforme o estabeleceu através dos atos nas experiências passadas.

Por tal razão, jamais condenou a quem quer que fosse, sempre oferecendo a ocasião para reparar o prejuízo e recuperar-se diante da própria, bem como da Consciência Divina.

Sem preferência ou disputa por alguém ou coisa alguma, a tudo e a todos amou com desvelo, albergando a humanidade de todos os tempos no Seu inefável afeto.

Espalhou missionários pela Terra, falando a linguagem da reencarnação, até o momento em que Ele próprio veio confirmá-la, acenando com esperança futura de felicidade para todas as criaturas.

✶

Não te crucifiques na consciência de culpa, após reconheceres o teu erro.

Não te encarceres em *sombras*, depois de identificares os teus delitos.

Não te amargures em demasia, descobrindo-te equivocado.

Renasce dos teus escombros e recomeça a recuperação de imediato, evitando futuros retornos expiatórios, injunções excruciantes, situações penosas.

Pede perdão e reabilita-te, ante aquele a quem ofendeste e prejudicaste.

Se ele te desculpar, será bom para ambos. Porém, se não o fizer, compreende-o e segue adiante, não mais errando.

Infelicitado por alguém, perdoa-o e desatrela-te dele, facultando-lhe a paz e vivendo o bem-estar que decorre da ação correta.

A reencarnação de que te utilizas é concessão superior, que não podes desperdiçar.

Cada momento é valioso para o teu trabalho de sublimação, de desapego, de amor puro.

Abrevia os teus renascimentos, agindo corretamente e servindo sem cansaço, com alegria, porquanto, para adentrares no *Reino dos Céus*, que se estende da consciência na direção do infinito, "é necessário nascer de novo", conforme Ele acentuou.

3

Jesus e Humanidade

Jesus-Homem é a lição de vida que haurimos no Evangelho como convite ao homem, que se deve deificar. Não havendo criado qualquer doutrina ou sistema, Jesus tornou a Sua vida o modelo para que o homem se pudesse humanizar, adquirindo a expressão superior.

No Seu tempo, e ainda agora, o homem tem sido símbolo de violência, prepotência e presunção, dominador exterior, estorcegando-se, porém, na sua fragilidade, nos seus conflitos e perecibilidade.

Após os Seus exemplos surgiu um diferente homem: humilde, simples, submisso e forte na sua perenidade espiritual.

*

Enquanto os grandes pensadores de todos os tempos estabeleceram métodos e sistemas de doutrinas, Ele sustentou, no amor, os pilotis da ética humanizadora para a felicidade.

Não se utilizou de sofismas, nem de silogismos, jamais aplicando comportamentos excêntricos ou fórmulas complexas, que exigissem altos níveis de inteligência ou de astúcia. Tudo aquilo a que se referiu é conhecido, embora as roupagens novas que o revestem.

Utilizou-se de um insignificante *grão de mostarda*, para lecionar sobre a fé; recorreu a redes de pesca e a peixes, para deixar imperecíveis exemplos de trabalho; a semente caindo em diferentes tipos de solos, para demonstrar a diversidade de sentimentos humanos ante o pólen de luz da Sua palavra...

O *Sermão da Montanha* inverteu o convencional e aceito sem discussão, exaltando a vítima inocente em vez do triunfador arbitrário; o esfaimado de justiça, de amor e de verdade, em desconsideração pelo farto e ocioso dilapidador dos dons da vida.

✶

Jesus é a personagem histórica mais identificada com o homem e com a humanidade.

Todo o Seu ministério é feito de humanização, erguendo o ser do instinto para a razão e daí para a angelitude.

Igualmente, é o Homem que mais se identifica com Deus.

Nunca se Lhe refere como se estivesse distante, ou fosse desconhecido, ou temível.

Apresenta-O em forma de Amor, amável e conhecido, próximo das necessidades humanas, compassivo e amigo.

Reformula o conceito mosaico e atualiza-o em termos de conquista possível, aproximando os homens dEle pela razão simples de Ele estar sempre próximo dos indivíduos que se recusam a doar-se-Lhe em amor.

Referindo-se ao *Reino*, não o adorna de quimeras nem o torna pavoroso; antes, desperta nos corações o anelo de consegui-lo na realidade da transcendência de que se reveste.

Nega o mundo, sem o maldizer, abençoando-o nas maravilhosas paisagens nas quais atende a dor, e deixa-se mergulhar em meditações profundas sob o faiscar das estrelas luminíferas do Infinito.

Jesus, na humanidade, significa a luz que a aquece e a clareia.

✶

Se te deixaste fossilizar por doutrinas ortodoxas que pretendem nEle ter o seu fundador, renasce e busca-O, na multidão ou no silêncio da reflexão, fazendo uma releitura das Suas palavras, despidas das interpretações forjadas.

Se te decepcionaste com aqueles que se dizem seguidores dEle, mas não Lhe vivem os exemplos, olvida-os, seguindo-O na simplicidade dos convites que Ele te endereça até agora e estão no conteúdo das Suas mensagens, ainda vivas quão ignoradas.

Se não Lhe sentiste o calor, rompe o frio da tua indiferença e faze-te um pouco imparcial, sem reações adrede estabelecidas, facultando-Lhe penetrar-te o coração e a mente.

Na tua condição humana, necessitas dEle, a fim de cresceres, saindo dos teus limites para o infinito do Seu amor.

Jesus veio ao homem para humanizá-lo, sem dúvida.

Cabe-te, agora, esquecer por momentos das tuas pequenezes e recebê-lO, assim cristificando-te, no logro da tua realização plena e total.

4

Jesus e Amor

A figura humana de Jesus confirma a Sua procedência e realização como o Ser mais perfeito e integral jamais encontrado na Terra.

Toda a Sua vida se desenvolveu num plano de integração profunda com a Consciência Divina, conservando a individualidade em um perfeito equilíbrio psicofísico.

Como consequência, transmitia confiança, porque possuía um caráter com transparência diamantina, que nunca se submetia às injunções vigentes, características de uma cultura primitiva, na qual predominavam o suborno das consciências, o conservadorismo hipócrita, uma legislação tão arbitrária quanto parcial e a preocupação formalística com a aparência em detrimento dos valores legítimos do indivíduo.

Portador de uma lídima coragem, insurgia-se contra a injustiça onde e contra quem se apresentasse, nunca se omitindo, mesmo quando o consenso geral atribuía legalidade ao crime.

Paciente e pacífico, mantinha-se em serenidade nas circunstâncias mais adversas; e jovial, nos momentos de alta emotividade, demonstrando a inteireza dos valores íntimos, em ritmo de harmonia constante.

Numa sociedade agressiva e perversa, elegeu o amor como a solução para todos os questionamentos, e o perdão irrestrito como terapêutica eficaz para todas as enfermidades.

Não apenas ministrava-o através de palavras, mas, sobretudo, mediante atitudes claras e francas, arriscando-se por dilatá-lo especialmente aos infelizes, aos detestados, aos segregados, aos carentes.

Em momento algum se submeteu às conveniências perniciosas de raça, ideologia, partido e religião, em detrimento do amor indistinto quanto amplo a todos que O cercavam ou O encontravam.

✶

Por amor, elegeu um samaritano desprezado, *para dele fazer o símbolo da solidariedade.*

Com amor, liberou uma mulher equivocada, tirando-lhe o complexo de culpa.

Pelo amor, atendeu à estrangeira siro-fenícia que Lhe pedia socorro para a enfermidade humilhante.

De amor estavam repletos Seu coração e Suas mãos para esparzi-lo com os espezinhados, fosse um cobrador de impostos, uma adúltera, o filho pródigo, a viúva necessitada, ou a mãe enlutada.

Sempre havia amor em Sua trajetória, iluminando as vidas e amparando as necessidades dos corpos, das mentes, das almas.

✶

Compadecia-se de todos; no entanto, mantinha a energia que educa, edifica, disciplina e salva.

Chorou sobre Jerusalém, invectivou a farsa farisaica, advertiu os distraídos, condenou a hipocrisia e deu a própria vida em holocausto de amor.

Nunca se perdeu em sentimentalismos pueris ou agressividades rudes.

O amor norteava-Lhe os passos, as palavras e os pensamentos.

Tornou-se e prossegue como sendo o símbolo do amor integral em favor da humanidade, à qual auspicia um sentimento humano profundo e libertador.

5

Jesus e Tolerância

Em termos de Psicologia Profunda, a questão do julgamento das faltas alheias constitui um grave cometimento de desumanidade em relação àquele que erra.

O problema do *pecado* pertence a quem o pratica, que se encontra, a partir daí, incurso em doloroso processo de autoflagelação, buscando, mesmo que inconscientemente, liberar-se da falta que lhe pesa como culpa na economia da consciência.

A culpa é *sombra* perturbadora na personalidade, responsável por enfermidades soezes, causadoras de desgraças de vária ordem.

Insculpida nos painéis profundos da individualidade, programa, por automatismos, os processos reparadores para si mesma.

Toda contribuição de impiedade, mediante os julgamentos arbitrários, gera, por sua vez, mecanismos de futura aflição para o acusador, ele próprio uma consciência sob o peso de vários problemas.

Julgando as ações que considera incorretas no seu próximo, realiza um fenômeno de projeção da sua *sombra* em forma de autojustificação, que não consegue libertá-lo do impositivo das suas próprias mazelas.

A tolerância, em razão disso, a todos se impõe como terapia pessoal e fraternal, compreendendo as dificuldades do caído, enquanto lhe distende mãos generosas para o soerguer.

Na acusação, no julgamento dos erros alheios, deparamos com propósitos escusos e vingança-prazer em constatar a fraqueza dos outros indivíduos, que sempre merecem a misericórdia que todos esperamos encontrar quando em circunstâncias equivalentes.

✶

Jesus sempre foi severo na educação dos julgadores da conduta alheia.

Certamente, há cortes e autoridades credenciadas para o ministério de saneamento moral da sociedade, encarregadas dos processos que envolvem os delituosos e os julgam, estabelecendo os instrumentos reeducativos, jamais punitivos, pois que, se o fizessem, incidiriam em erros idênticos, se não mais graves.

O julgamento pessoal, que ignora as causas geradoras dos problemas, demonstra o primitivismo moral do homem ainda "lobo" do seu irmão.

O Mestre estabeleceu a formosa imagem do homem que tem *uma trave* dificultando-lhe a visão, e, no entanto, *vê o cisco no olho do seu próximo.*

A proposta é rigorosa, portadora de claridade iniludível, que não concede pauta a qualquer evasão de responsabilidade.

Ele próprio, diante da multidão aflita, equivocada, perversa, insana, em vez de julgá-la, *tomou-se de compaixão* e ajudou-a.

Naturalmente não solucionou todos os problemas, nem atendeu a todos, como eles o desejavam. Não obstante, compadecido, os amou, envolvendo-os em ternura e ensinando-lhes as técnicas de libertação para adquirirem a paz.

✶

Tem compaixão de quem cai. A consciência dele será o seu juiz.

Ajuda aquele que tomba. Sua fraqueza já lhe constitui punição.

Tolera o infrator. Ele é o teu futuro, caso não disponhas de forças para prosseguir bem.

A tolerância que utilizares para com os infelizes se transformará na medida emocional de compaixão que receberás, quando chegar a tua vez, já que ninguém é inexpugnável, nem perfeito.

• jacentes - estável, permanente

• Honra - é o princípio de comportamento do ser humano que age baseado, em valores sondo so, com a honestidade, dignidade características virtuosa, socialmente.

• júbilo - satisfação, contentamento

* - Cérebro - genética herdada dos pais

* A genética herdade dele mesmo memória emocional que reacende no presente - Elementos da culpa

O medo nos garante a sobrevivência qd.º sai da proporção adequada, ele faz patologias

• instinto -
• sensações - filha direta do instinto
• sentimento

* palavras chave: Honra libertação, Verdade

6

JESUS E HONRA

A estrutura psíquica de Jesus é o modelo da perfeita identificação com a tarefa que Ele veio exercer. Ele pôde penetrar nas leis fundamentais da vida que conduzem os homens, estabelecendo em palavras e atos os roteiros seguros para o equilíbrio fisiopsíquico de todos.

Projetando a Verdade, não esmagava com a Sua natural superioridade, não absorvendo cada individualidade, que permanecia mais independente.

Aqueles que se Lhe afeiçoavam, encontravam a paz e, por esta razão, optavam livremente por segui-lO.

Ele sabia despertar as potencialidades jacentes em cada um, canalizando-as para as operações saudáveis, mediante cujo esforço se fruíam júbilos e plenitude.

As parábolas, que Lhe guardam as instruções vivas, continuam adequadas para os problemas hodiernos, possuindo sentido harmônico e orientação capazes de serem aplicadas sem qualquer conflito de época, lugar e pessoa.

*

O homem moderno prossegue, de certo modo, com as mesmas aspirações e necessidades dos seus antepassados, ressalvadas algumas conquistas logradas através dos tempos.

Desse modo, ainda permanece com carências e inseguranças que lhe perturbam as estruturas emocionais.

Para conseguir a liberdade interior e a emancipação, necessita da luz do conhecimento e da coragem para entregar-se com decisão à honra dos objetivos que persegue.

Saber o que pretende da vida e como consegui-lo, eis o processo-parto de amadurecimento pessoal rompendo com as suas próprias raízes os atavismos que lhe procedem do passado espiritual.

Para este esforço, a honra se lhe torna o inigualável guia interior, impulsionando-o para frente, nos passos que deve dar, sem mais deter-se.

✶

Na ruptura dos laços familiares constringentes, Jesus, sem deixar de atender aos compromissos morais e sociais com o clã a que pertencia, demonstrou a grandeza da coragem que a honra pessoal lhe facultava.

Buscado pela família, que Lhe ignorava o ministério, duvidando da Sua missão, e assim tentando interrompê-la, quando Ele punha os alicerces da Boa Nova nos corações, foi advertido por alguém que Lhe disse: – *Tua mãe e Teus irmãos aí se encontram e chamam por Ti.*

Chegara-Lhe o momento da indeclinável quão honrosa decisão, facultando-Lhe interrogar com tranquilidade: – *Quem é meu pai, minha mãe, quem são meus irmãos, senão aqueles que fazem a vontade de Deus?*

A estupefação geral não O perturbou e Ele prosseguiu como se nada houvesse acontecido.

✶

Honra é a coragem de eleger o melhor.

A dubiedade na decisão entre os que O desejavam reter e aqueles que Lhe necessitavam da presença e das lições, seria a lamentável falência dos objetivos que buscava.

Não há, aí, desrespeito aos familiares. Estes sim, presunçosos e amedrontados, sem O consultarem, desrespeitavam-Lhe a opção de homem independente, que viera para um apostolado que jamais negara qual seria o término: a humilhação, a cruz, a morte.

A Sua honra levava-O ao prosseguimento, mesmo lutando contra todos os fatores hostis.

Ele viera romper os impedimentos, arrancar a escultura modelada do homem integral, do mármore frio da sociedade utilitarista e escravocrata.

O cinzel e o martelo para arrebentar a pedra eram a honra e o dever. Nada podia emparedá-lO nos limites das conveniências, dos receios pueris, das afeições imaturas.

Vinte séculos depois, ei-lO o mesmo escultor de almas, trabalhando o granito das vidas, a fim de libertá-las.

✶

Tua honra deve modelar-se na dEle.

Tua decisão para a felicidade, rompendo as estruturas passadistas e acomodadas, é a força do teu empreendimento.

Entra em ti mesmo e ausculta a consciência, o teu guia íntimo, a fim de saberes o que pretendes, o que é melhor para ti e como conquistá-lo.

A tua libertação diferirá daquela que rompe vínculos de afetividade para *soltar-se*, escravizando-se a outras situações piores.

A honra de encontrar um guia interno, que te orienta nos fundamentos da vida de Jesus, é o desalgemar-se de tudo quanto constitui retentiva, para que sigas plenamente.

Após isto, não serás mais o mesmo, nem te repetirás. A consciência do dever se manifestará a ti na honra de seguir em padrões de respeito a todos e a tudo, porém, de liberdade total sob a liderança de Jesus.

7

Jesus e Justiça

Tem por objetivo a Justiça reparar o dano causado e corrigir o infrator, tornando-o útil à sociedade na qual se encontra.

A Justiça trabalha em favor da educação, utilizando-se de métodos disciplinares, inclusive limitando a liberdade do delinquente, a fim de poupá-lo, bem como a comunidade, de males mais graves.

O delito resulta do desrespeito aos códigos estabelecidos de leis que regem os povos, propiciando direitos e deveres iguais aos indivíduos.

Quando a Justiça se corrompe, o homem tresvaria e o abuso da autoridade conduz aos extremos da sandice.

Em uma sociedade justa, todos desfrutam de oportunidades iguais de progresso, em face de uma idêntica distribuição de rendas. Nela, o forte ampara o fraco, o sadio socorre o enfermo, o jovem ajuda o idoso, comportamento natural, decorrente de uma consciência clara de dever, que estabelece a felicidade como consequência da solidariedade entre as diversas criaturas.

À medida que o homem desenvolve os sentimentos e a inteligência se aprimora, as suas leis são mais brandas e a sua Justiça mais equânime.

Nos povos primitivos, a "lei do mais forte" prevalecia, substituída, mais tarde, pela condição absurda da hereditariedade, até alcançar os elevados princípios sociodemocráticos, nos quais, a responsabilidade pessoal tem prioridade na ação livre dos seus membros.

É longo, porém, ainda, o caminho a percorrer, para que seja alcançado o respeito do homem pela vida, pelo próximo, pela Natureza, pela Justiça sem arbitrariedade, sem punição.

Jesus fez-se paladino da justiça equânime.

Sua atitude para com as pessoas era sempre a mesma: de benevolência, com o objetivo da educação.

A Nicodemos, que era doutor da alta câmara do Sinédrio, concedeu uma entrevista, nada diferente daquela que facultou a Zaqueu, o cobrador de impostos, ou à convivência com Lázaro e suas irmãs, em Betânia, ou ao ladrão, na cruz, que Lhe buscara apoio.

Reconhecendo que os homens se diferenciam pelas suas conquistas intelectuais e morais, e que a hierarquia na qual se encontram é de aquisição pessoal e sem jactância ou privilégios, a todos proporcionava as mesmas condições e oportunidades, jamais se excedendo com qualquer um deles.

À adúltera, ou à *vendedora de ilusões*, ou aos sacerdotes que o interrogaram, ou aos saduceus hábeis, ou aos fariseus hipócritas, sempre concedeu o mesmo tratamento.

Quando invectivou os que tentavam envolvê-lO em ciladas sofistas, comprometedoras, usou de energia sem esquecer da compaixão, por sabê-los enfermos da alma, da qual procedem todos os fenômenos do comportamento.

Num período de arbitrariedades, foi magnânimo; de abuso do poder, falou sobre a renúncia à arrogância, e fez-se humilde; de exploração, ensinou a generosidade e viveu-a.

Propôs que a nossa não fosse a "justiça dos fariseus" que, moralmente doentes, esfalfavam os fracos, exploravam as viúvas e as crianças, aproveitando-se da situação.

E quando Pilatos, que iria *lavar as mãos* culpadas pela pusilanimidade do caráter, Lhe disse que tinha poder e autoridade sobre Ele, redarguiu-lhe que estes lhe haviam sido concedidos, desde que, por sua vez, ele também se encontrava sob uma condução maior. Porque o verdadeiro poder e a excelente justiça vêm de Deus.

*

Emaranhado nos próprios erros e tropeçando nas malhas da incompleta Justiça humana, reeduca-te!

Vítima das circunstâncias infelizes que te pesam, confia em Deus e aguarda!

Injustiçado e sob arbitrária cobrança, não te desesperes!

Paga agora o que esqueceste de regularizar ontem, certo de que a falência das leis terrenas não te exime de ser alcançado pela Divina Justiça.

Melhor que estejas sob reparação de compromissos, dos quais não te recordas, do que gozando de liberdade física, mas carregando a consciência culpada que se esconde na ilusão.

A real justiça sempre encontra o infrator.

Por tua parte, sê justo, equânime para com todos, tomando como modelo de comportamento Jesus, que nunca se recusava.

O homem

- dorme no mineral
- sonha no vegetal
- acorda no animal

Léon Deniz

8

Jesus e Dever

Por certo, de maneira inconsciente, incontáveis indivíduos se creem merecedores de tudo. Supõem que até o Sol brilha porque eles existem, a fim de facultar-lhes claridade, calor e vida.

Fecham-se nos valores que se atribuem possuir e, quando defrontam a realidade, amarguram-se ou rebelam-se, partindo para a agressividade ou a depressão.

Não assumem responsabilidades, nem cumprem com os deveres que lhes cabem.

Às vezes comprometem-se, para logo abandonarem a empresa acusando os outros, sentindo-se injustiçados.

São exigentes com a conduta alheia e benevolentes com os próprios erros.

Sempre estremunhados, tornam-se pesado fardo na economia social, criando situações desagradáveis.

Fáceis e gentis quando favorecidos, tornam-se rudes e ingratos, se não considerados como acreditam merecer.

Afáveis no êxito, apresentam-se agressivos no esforço.

Olvidam-se de que a vida é um desafio à coragem, ao valor moral e que todos temos deveres impostergáveis para com ela, para com nós mesmos e para com os nossos irmãos terrestres.

Ninguém tem o direito de fruir sem trabalhar, explorando o esforço de outrem.

O prêmio é a honra que se concede ao triunfador que se empenhou por consegui-lo.

Palmo a palmo, o viajante ganha o terreno que percorre, fitando com desassombro a linha de chegada.

O dever de cada um o conduz na empreitada da evolução.

Esse esforço resulta da conquista moral que a consciência se permite, em plena sintonia com o equilíbrio cósmico.

Ser útil em toda e qualquer circunstância, favorecer o progresso, viver com dignidade, são algumas expressões do dever diante da vida.

✶

Em inolvidável parábola, Jesus delineou o comportamento do homem que se esforça e merece respeito, demonstrando-lhe a fragilidade e, ao mesmo tempo, o desejo de renovação.

Mateus recorda que *havia um homem que tinha dois filhos*. Falou ao primeiro: – *Filho, vai hoje trabalhar na vinha*, ao que ele respondeu: – *Sim, senhor*; porém, refletindo mais tarde, resolveu não ir. Ao segundo filho fez a mesma proposta e ele disse: – *Não quero*. Todavia, arrependido, foi. – *Qual dos dois atendeu a vontade do pai*? pergunta o Mestre. E os interrogantes responderam a Jesus: – *O segundo*.[1]

Defrontamos, nessa experiência, a ação e a promessa, o fato e a intenção.

---

[1] Mateus, 21: 28 e seguintes (nota da Autora espiritual).

A ação deve predominar porque é resultante do c
Para ela não se tornam necessárias palavras melífluas ou c
fortadoras, mas, sim, a decisão para realizá-la corretamente.

Jesus sempre propõe o dever, a ação; bem entender, a fim de melhor atuar.

Ele não induz ninguém à alienação da realidade objetiva do mundo. Ele estabelece uma escala de valores que devem ser respeitados, merecendo primazia os mais relevantes, que se tornam a pauta de conquistas do homem de Bem, que cumpre com o seu dever.

Diante dEle, estagnação é morte, e esta é crime cometido contra o "Reino de Deus" que está dentro do próprio homem, necessitando de ser conquistado.

Todas as parábolas que Ele nos ofereceu estão plenas de ação, sem impositivos externos, antes como resultado de espontânea lucidez da consciência desperta.[8]

*

Nunca prometas realizar o que não pretendes fazer.

Jamais permaneças inoperante em um lugar já conquistado. Identifica as possibilidades aí vigentes e segue adiante.

O dever que te impõe renúncia e sacrifício, também te alça à harmonia, liberando-te dos conflitos e das dúvidas.

Não cesses de crescer interiormente. A insatisfação com o que já lograste sem rebeldia, será a tua motivação para conquistas mais expressivas.

És servidor do mundo.

Jesus, que se originara nas estrelas, afirmou ser o servo de todos e assim se fez, para que "tivéssemos vida, e esta em abundância".

9

Jesus e Alegria

Essa tristeza que te domina, amargurando as tuas horas, é grave enfermidade que deves combater a partir de agora.

Nenhuma complacência para com ela, nem justificativa enganosa para aceitá-la. Os argumentos de infelicidade quanto de insatisfação não passam de sofismas e mecanismos de evasão da realidade.

Problemas todos os têm, com um imenso universo de apresentação. A falta deles geraria, por enquanto, desmotivação para a luta, para o progresso.

Essa nostalgia deprimente que te aliena e consome é adversária cruel, a que te entregas livremente sem reação, ampliando-lhe o campo de domínio, à medida que lhe cedes espaço.

Seja qual for a razão, fundamentada em acontecimentos atuais, deves transformar em bênção que te convida à reflexão e não ao desalento.

A tristeza é morbo prejudicial ao organismo, peste que consome a vida.

Tudo, em tua volta, é um hino de louvor, de alegria, de gratidão a Deus. Observa-o bem.

Somente o homem, porque pensa, se permite empolgar pela tristeza, descambando para os surdos conflitos da rebeldia.

✶

Essa tristeza pode resultar de dois fatores, entre outros: reminiscências do teu passado espiritual e perturbação com repercussão obsessiva.

No primeiro caso, as impressões pessimistas devem ser eliminadas, alijando-as do inconsciente, sob pressão de ideias novas, agradáveis, positivas, que te cumpre cultivar, insistindo em fixá-las nos painéis mentais.

Se te acostumas a pensar bem, superarás as lembranças más.

Os hábitos se enraízam, porque se repetem, dominando os automatismos da mente e do corpo.

Na segunda hipótese, a hospedagem mental e emocional de Entidades desencarnadas, malévolas, ocorre porque encontram sintonia nas tuas faixas psíquicas, estabelecendo contato hipnótico que se agrava com o tempo.

Em ambos os casos te encontras incurso em débitos para com as soberanas Leis da Vida.

Não te reencarnaste, porém, apenas para *pagar*; antes, sim, para ressarcir com amor, liberando-te dos compromissos negativos mediante as ações relevantes.

És candidato às cumeadas da montanha, e não um condenado às galés nas *sombras* do remorso inútil ou no charco das lágrimas perdidas.

Se permaneces na situação infeliz, tornas-te vítima de ti mesmo. Todavia, se te resolves por sair do caos, transformas-te em teu próprio psicoterapeuta.

*

Jesus, apenas uma vez, deixou-se vestir de tristeza, de amargura. No Getsêmani, quando só Ele velava, e os amigos, ali próximos, dormiam, embora aquela fosse a hora decisiva, o pré-final. E o permitiu por piedade para com os companheiros invigilantes, que não se davam conta da gravidade do momento.

Sempre Ele cultivou a alegria da esperança, a bênção da saúde, a dádiva da paz.

O Seu foi o ministério do júbilo, da transformação do homem e do mundo velhos em uma criatura e sociedade inteiramente novas.

Renascimento é vitória sobre a morte. É alegria que procede da libertação.

Rasga, portanto, essa mortalha de *sombras* sob a qual ocultas todas as tuas possibilidades de triunfo, e sai a semear fraternidade na grande vinha que te aguarda.

Realiza um novo, um atual encontro contigo mesmo e examina-te melhor, sem deplorares a situação em que te encontras, e vai na direção do êxito. Isto é fundamental, não como um pagamento, porém como um dever que te falta cumprir, a fim de te recuperares. Deus te concede esse direito e tens que corresponder-Lhe, usando-o em teu benefício.

Provavelmente sofres pressões, que são uma falta de humanidade, mas tua é a submissão a essa força constritora que aceitas.

Se, em verdade, *queres* sair da tristeza, *podes*. Em caso contrário, és responsável por ela, assim te comprazendo, o que é séria enfermidade.

*

"Alegrai-vos" – propôs Jesus – *"é chegado até vós o* Reino *de Deus."*

Este *Reino* está dentro de nós, esperando ser descoberto e habitado.

Aguarda-te, desafiador. Chegou até onde estás. Dá o teu passo em sua direção, penetra-o, deixa-te por ele preencher e alegra-te para sempre, como herói que concluirá a luta.

10

Jesus e Coragem

A coragem de Jesus!

A Sua foi uma vida de constantes desafios.

Em luta contínua em favor do Bem, jamais deixou de agir corretamente, com desassombro.

A mensagem de que se tornara portador, objetivando libertar as consciências humanas para a Verdade, dEle fez o paladino da coragem.

Nunca anuiu com o crime disfarçado de legalidade, com a arrogância mascarada de humildade, com a injustiça apoiada pelos poderosos, com a hipocrisia travestida de honestidade, com a discriminação de qualquer natureza sob justificativas sociais, econômicas, raciais ou religiosas.

Elegeu um samaritano como exemplo de solidariedade, em detrimento de um sacerdote presunçoso e de um levita astuto, que desfrutavam de algum prestígio na comunidade dominadora, embora aquele fosse detestado e desconsiderado.

Apoiou a mulher que se tornara objeto de prazeres e era acusada publicamente de haver induzido o homem ao pecado, ao crime, com naturalidade e ternura, escolhendo uma equivocada, de conduta pública irregular, para torná-la mensageira da boa-nova da Sua ressurreição.

Fez-se a voz dos humildes e esquecidos, os sem direitos nem apoio, a fim de que os seus justos reclamos se fizessem ouvidos.

Conviveu com as pessoas ditas de "má vida", sem receio de contaminação, com total desprezo dos que possuíam privilégios em uma vida má, à qual se entregavam ocultamente.

Sua palavra, suave ante os sofredores, tornava-se contundente e viril diante dos perversos, dos bajuladores e dos pusilânimes, os quais nunca temeu.

Em momento algum receou *perder* a vida, pois que para isso viera.

Não negociou favores ou submeteu-se às conveniências humanas.

Humilde, não se fez subserviente; afável, não se tornou piegas; amigo, não se qualificou subalterno.

Sempre estoico, mantinha a linguagem e a conduta próprias para cada ocasião, pessoa e circunstância, sem afastar-se do roteiro que estabelecera.

Viveu e agiu com firmeza, fora de subterfúgios, mantendo um só comportamento; o de fidelidade a Deus.

✶

Apoia-te nEle.

Sob tribulação ou fora dela, busca-O.

Em dúvida atroz ou perseguido, pensa em como Ele agiria nessa situação, e faze conforme te inspire a consciência reta.

Reflexiona com tranquilidade em torno da coragem de Jesus e busca-Lhe o exemplo.

Tem coragem de viver!

Não te escondas, nem escamoteies a tua situação sob desculpas e mentiras.

Autoanalisa-te, banhado pela claridade dos ensinamentos dEle, e rompe os grilhões que te jugulam ao medo, à insegurança, à instabilidade, ao sofrimento moral e físico.

Enfrenta com naturalidade os teus limites e angústias, confiante na vitória, não te evadindo dos deveres que te compete realizar.

Em cada insucesso, aprende como não repetir a façanha, sem depressão ou arrependimento.

A experiência é a súmula das tentativas que deram resultados positivos e negativos.

Nunca temas a ninguém, atribuindo-lhe uma superioridade e valor que certamente não possui.

Respeita, sim, as conquistas de cada pessoa, considera-a e toma-a como estímulo para ti, a fim de que também alcances essas realizações superiores.

Concede-te o direito de ser humano e o dever de cresceres sempre, sem que te detenhas no degrau ou patamar onde te encontras.

Age sempre ajudado pelo otimismo.

O medo é inimigo atroz, que dizima vidas aos milhões.

✶

A coragem nasce nos valores morais do homem que elege a conduta correta para uma vida feliz.

A coragem de viver deve ser treinada continuamente, vencendo as pequenas barreiras da timidez, dos receios de fracassos, dos complexos de inferioridade, das doenças reais ou imaginárias, fortalecendo o ânimo em cada triunfo e reconsiderando a ação em cada insucesso.

Coragem é conquista que difere muito da temeridade.

O homem de coragem espera, confia e age no momento próprio, enquanto que o temerário faz-se precipitado, impiedoso e irresponsável.

Toma como exemplo para tua vida a coragem de Jesus e segue tranquilo.

11

Jesus e Decisão

A um jovem que parecia disposto a ingressar na Nova Era, candidatando-se a segui-lO, Jesus propôs o convite direto, sem preâmbulos.

Apesar do interesse que se refletia na face ansiosa, o moço, receoso, esquivou-se sob a justificativa de que iria antes sepultar o genitor que havia morrido.

Diante da resposta que parecia justa, o Mestre foi, no entanto, contundente, informando-o: "*Deixa aos mortos o cuidado de sepultar os seus mortos; mas tu, vem construir no coração o Reino de Deus.*"

Pode causar estranheza a atitude e proposta de Jesus a um filho que pretendia cumprir com o seu dever imediato: no caso, enterrar o pai desencarnado.

É provável que esse fosse o seu intento real, adiando o engajamento na tarefa da vida eterna. Todavia, é possível que o moço ocultasse alguma outra intenção.

✶

O desejo de estar presente ao velório e à inumação do cadáver talvez significasse a preocupação de ser visto como um filho cuidadoso e fiel, merecedor da herança que lhe cabia.

Alguma disposição testamentária, provavelmente, exigia-lhe o cumprimento desse dever final, sob pena de perder o legado. Então, a sua presença não significaria um ato de amor, mas um ato de interesse subalterno.

Os bens materiais, não obstante possuam utilidade, favorecendo o conforto, o progresso, a paz entre os homens quando bem distribuídos, são, às vezes, de outra forma, algemas cruéis que aprisionam as criaturas, e que, transitando de mãos, são coisas mortas, que não merecem preferência ante as verdades eternas.

✶

Igualmente se pode pressupor que o rapaz, ainda cioso da sua juventude, não estivesse disposto à renunciá-la, encontrando, na justificativa, uma forma nobre para evadir-se do compromisso.

Os gozos materiais são cadeias muito vigorosas que jugulam os homens às paixões primitivas que deveriam superar a benefício próprio, mas que quase sempre os levam à decomposição moral, à morte dos ideais libertadores.

✶

Quiçá a preocupação a respeito da nova responsabilidade causasse no candidato um receio injustificado, levando-o à escusa com o argumento apresentado.

O medo de assumir compromissos graves impede o desenvolvimento intelecto-moral do indivíduo, mantendo-o estacionado na rotina despreocupada e monótona do seu dia a dia.

O convite de Jesus faz-se acompanhar de um programa intenso, iniciando-se na renovação íntima para melhor, e prosseguindo na ação construtiva do Bem em toda parte.

O medo é fator dissolvente da individualidade humana, responsável por graves desastres e crimes que poderiam ser evitados.

É força atuante que conduz à morte das realizações dignificantes e das próprias criaturas.

✶

Por fim, suponhamos que o sentimento filial prevalecesse na resposta, e ele estivesse preocupado com o pai desencarnado.

Ainda assim, qualquer pessoa poderia sepultá-lo, mas ninguém, exceto ele mesmo, poderia encarregar-se da sua iluminação.

Jesus era a sua oportunidade única.

Jesus penetrou-o e sabia o motivo real da sua recusa. Porém, deixou-o livre para decidir-se.

Ele foi sepultar o progenitor e não voltou.

Perdeu a oportunidade.

Muitos ainda agem assim.

✶

Observa o que elegeste para a tua atual existência: seguir a vida e vivê-la, ou acumular tesouros mortos para sepultá-los no olvido.

Desnuda-te interiormente e contempla-te.

Que possuis de real, que a morte não te arrebatará, e o que seguirá contigo?

Usa de severidade neste exame de consciência e toma o lugar do jovem convidado.

Que responderias a Jesus nesse momento?

✶

Queixas-te dos problemas que te aturdem e os relacionas, ignorando ou tentando desconhecer que estás na Terra para aprender, resgatar, reeducar-te.

Olha ao redor e compreenderás o quanto é urgente que te decidas pelo melhor e duradouro para ti como ser imortal que és.

Postergando a decisão, quando então a tomares, provavelmente as circunstâncias já não serão as mesmas e a tua situação estará diferente, talvez complicada.

O momento é este.

Deixa-te permear pela presença dEle e, feliz, segue-O.

Com tal atitude os teus problemas mudarão de aparência, perderão o significado afligente, contribuirão para a tua felicidade.

Renascerás dos escombros e voarás no rumo da Grande Luz, superando a noite que te aturde.

12

Jesus e Responsabilidade

Há, no homem, latente, um forte mecanismo que o leva a fugir da responsabilidade, transferindo o seu insucesso para outrem, na condição de indivíduo social, ou para os fatores circunstanciais da sorte, do nascimento e até de Deus.

Quando tal não se dá, na área das suas projeções comportamentais, apega-se ao complexo de culpa, mergulhando nas depressões em que oculta a infantilidade, pouco importando a idade orgânica em que transita.

A responsabilidade resulta da consciência, que discerne e compreende a razão da existência humana, sua finalidade e suas metas, trabalhando por assumir o papel que lhe está destinado pela vida.

Graças a isso, não se omite, não se precipita, estabelecendo um programa de ação tranquila, dentro do quadro de deveres que caracterizam o progresso individual e coletivo, visando à conquista da plenitude.

O homem responsável sabe o que fazer, quando e como realizá-lo.

Não se torna parasita social, nem se hospeda no triunfo alheio, tampouco se oculta no desculpismo ridículo.

A sua lucidez torna-o elemento precioso no grupo social onde se movimenta. Talvez não lhe note a presença, em face da segurança natural que proporciona; todavia, a sua falta sempre se faz percebida por motivos óbvios.

A responsabilidade do homem leva-o aos extremos do sacrifício, da abnegação, da renúncia, inclusive do bem-estar, e até mesmo da sua vida.

✶

Como pastor de almas, Jesus fez-se-nos responsável, elucidando-nos a respeito dos deveres, das necessidades reais, dos legítimos objetivos da nossa vida.

Em contrapartida, doou-se-nos até o holocausto, não fosse a Sua vida ao nosso lado, em si mesma, um grande e estoico sacrifício de amor.

Não obstante, conclamava a todos que O buscavam para o dever da responsabilidade, que os capacita para as realizações relevantes.

Por conhecer a alma humana em sua realidade plena, identificava nela as nascentes de todos os males, como também a fonte generosa de todas as bênçãos.

Porque o homem ainda prefere a manutenção das próprias mazelas, nelas se comprazendo, anestesia-se no infortúnio em que permanece com certo agrado, embora demonstre desconforto e infelicidade.

Desse modo, sempre que acolhia àqueles que O buscavam, conhecendo-lhes as causas dos pesares, após atendê-los, propunha-lhes com veemência que não retornassem aos erros, a fim de que lhes não acontecesse nada pior.

✶

A responsabilidade liberta o indivíduo de si mesmo, alçando-o aos planos superiores da vida.

Enquanto ele se movimenta cultivando o morbo das paixões selvagens, desajusta os implementos emocionais, tornando-se vítima de si mesmo, facultando que se lhe instalem as doenças degenerativas e causticantes.

A renovação moral propicia a canalização das energias saudáveis de forma favorável, preservando o ser para os cometimentos elevados a que se destina.

✶

A humanidade sobrevive graças aos seus homens responsáveis, que trabalham continuamente em prol do bom, do belo, do ideal.

Eles se destacam pela grandeza das suas realizações cimentadas no sacrifício pessoal.

✶

À mulher surpreendida em adultério, aos portadores do mal de Hansen e aos obsediados, após a recuperação de cada um, a advertência de Jesus era sempre firmada na responsabilidade, para que, em entesourando os valores éticos e os deveres espirituais, não se permitissem voltar aos erros.

✶

Neste momento, quando necessitas dEle, reformula os teus conceitos sobre a vida e passa a atuar corretamente, dominado pela responsabilidade. A ninguém transfiras a causa dos teus desaires, dos teus insucessos. Dá-te conta deles e recomeça a ação transformadora.

Mesmo que não o queiras, serás sempre responsável pelos efeitos dos teus atos.

Colherás conforme semeares.

Assume, portanto, o teu compromisso com o Mestre e permanecerás saudável interiormente, prosseguindo íntegro nos teus deveres com responsabilidade.

13

JESUS E REVOLUÇÃO

Jesus sempre agiu na condição de psicólogo profundo. Não importava o revestimento, a aparência com que se Lhe apresentavam as pessoas, ou estas se referiam às suas doenças, aos seus sentimentos.

*

Quando verbaliza o que lhe vai ao íntimo, o homem invariavelmente escamoteia, no envoltório das palavras, o que desejaria dizer.

Há mesmo, de forma inconsciente, um terrível pavor para alguém desnudar-se perante si próprio, e não menor diante de outrem.

Por sua vez, são poucas as pessoas que sabem escutar, ver, compreender.

O sorriso de simpatia de um momento transforma-se em esgar noutro instante, e a gentileza transmuda-se em agressividade.

Além disso, o ouvinte capta a projeção do narrador, adaptando a informação à própria problemática; o entendimento de que é capaz, ao seu campo de conflitos.

Jesus, por ser o Homem Integral, límpido na Sua transparência efetiva, penetrava os arcanos mais profundos do indivíduo, desconhecidos para si mesmo, que se debatia na superfície dos efeitos sem lograr remontar às suas causas.

Seus diálogos eram rápidos e diretos.

Não se utilizava de circunlóquios, nem de evasões.

Quando recorria a parábolas ou apresentava contrainterrogações aos fariseus e hipócritas, usava de uma técnica sem paralelo, mediante a qual o farsante se descobria nas suas próprias palavras.

Assim o fez, repetidas vezes, inclusive com o sacerdote que Lhe indagara quem era o seu próximo, narrando-lhe a Parábola do Bom Samaritano e obrigando-o, pela lógica, à conclusão. Igualmente, aplicou o método com aqueles que Lhe inquiriram se era lícito pagar-se o imposto, pedindo-lhes uma moeda e indagando-lhes de quem era a efígie nela esculpida.

✶

Era com os sofredores, porém, que Ele mantinha a mais correta psicoterapia de que se tem conhecimento.

Não recorria aos sonhos dos seus pacientes, para descobrir-lhes o inconsciente, os seus arquivos, as suas *sombras* psicológicas.

Não administrava os medicamentos usuais ou outros de complicadas fórmulas.

Não transferia para os seus familiares o peso da culpa, da hereditariedade, dos fatores socioeconômicos.

Não fazia que somatizassem os fenômenos desgastantes, mediante acusações de qualquer procedência.

Amava-os, transmitindo-lhes segurança e auxiliando-os a redescobrirem as potencialidades latentes, abandonadas.

Despertava neles uma visão nova da existência, amparando-os naquele instante, não, porém, impedindo que prosseguissem conforme o desejassem.

Jamais se lhes impôs.

Era buscado por todos, sem os procurar, porque o êxito de qualquer empreendimento depende do seu realizador. Os fatores circunstanciais são-lhe o campo, o espaço onde agirá.

✶

É certo que, beneficiados, quase todos que Lhe receberam a claridade libertadora foram adiante, a sós, por eleição pessoal.

Muitos, se não a quase totalidade, foram ingratos; outros tantos recaíram nas redes em que se amolentaram na indolência; diversos O acusaram, inconscientes e inadvertidos. Todos, porém, sem exceção, não ficaram indenes ao Seu magnetismo, à Sua afabilidade, ao Seu poder.

Revolucionário por excelência, estabelecia a luta de dentro para fora: a morte do homem velho e o nascimento do homem novo.

Oferecia a contribuição do primeiro passo. Os demais pertenciam ao candidato, que os deveria dar.

A obra era geral; a ação de cada um, que lhe cabia realizar.

Seguindo à frente, aplainava a estrada.

Os inimigos estavam no foro íntimo dos combatentes.

Ele sabia, também, que o esforço era árduo e só a perseverança, o tempo e o trabalho levariam à vitória. Assim, não se irritava, e nunca se impacientava.

*

Se desejas, realmente, a cura dos teus males, deixa-te auscultar por esse sublime Psicoterapeuta.

Segue-Lhe as instruções.

Revoluciona-te, rompendo com o comodismo, a autoflagelação, a autopiedade, o passado sombrio.

Renasce de dentro de ti.

Se queres o triunfo real, sai a campo e luta. Abre-te ao amor e ama sem esperar resposta.

Não estás sozinho na batalha.

Ao teu lado outros combatentes aguardam apoio, qual ocorre contigo.

Descobre-os e une-te a eles, sabendo, porém, que a tua será a revolução com Jesus e não contra o mundo, a humanidade ou a vida.

14

Jesus e Posses

O apego aos bens materiais torna-se uma jaula que aprisiona o possuidor distraído, que passa a pertencer àquilo que supõe possuir.

Causa aflição, pelo medo de perder o que acumula; pela ânsia de aumentar o volume dos recursos; pela circunstância de ter que deixá-los ante a iminência da morte sempre presente na vida.

Desvaria, porque intoxica de orgulho e prepotência a criatura, que se crê merecedora de privilégios e excepcionais deferências, que a não impedem de enfermar-se, neurotizar-se, padecer de solidão e morrer como todas as demais.

Enrijece os sentimentos, que perdem a tônica da solidariedade, da compaixão e da caridade, olvidando-se dos outros para pensar apenas em si.

Faz pressupor que nasceu para ser servido, abandonando o espírito de serviço que dignifica e favorece o progresso.

O possuidor que não se interessa por repartir os valores, oferecendo dignas oportunidades de trabalho, é escravo que mais se envilece, quanto mais se prende às posses.

✶

Rico é todo aquele que doa, assim espalhando os recursos, que se multiplicam em diversas mãos em benefício geral.

O rico verdadeiro é investidor consciente, que não paralisa o crescimento da sociedade, antes amplia sua área de realizações.

Sabe que é mordomo transitório e não dono permanente, devendo prestar contas, oportunamente, dos valores que lhe foram confiados.

Verdadeiramente, o homem nada possui. Nem a si mesmo ou à sua vida, tornando-se usuário de tudo quanto lhe chega e passa. A descoberta de tal realidade harmoniza-o interiormente e com tudo quanto é temporário, em trânsito para o que é de sabor eterno, que é a sua espiritualização.

No século desfruta, mas não retém. Na vida, permanece, mas não abusa.

✶

O encontro de Jesus com o jovem rico que se dispôs a segui-lO, reveste-se de extraordinário conteúdo contemporâneo.

Apesar de cumpridor das exigências formais da sociedade e da religião, não tinha consciência do significado da integração da sua existência no ideal fecundo da vida eterna.

Queria o "Reino", desfrutando os favores do mundo, em forma dos bens que lhe facilitavam a caminhada faustosa.

Anelava por seguir o Amigo e fruir da Sua companhia, sem contribuir com nada.

Ter mais, sem despojar-se de algo, era o seu intento.

O Mestre, que o conhecia em profundidade, estabeleceu como requisito fundamental, que ele vendesse tudo quanto possuía, desse-o aos pobres e o seguisse.

*

A vida é feita de intercâmbios, de trocas e permutas.

Se dá a quem tem e se tira de quem não tem, daquele que é avaro e nunca reparte o excesso que, para ele, não é nada, no entanto, para os demais, é tudo.

O moço era rico e gozador, mas não era feliz, pois que lhe faltava algo: a solidariedade que pacifica as ansiedades do coração.

Talvez ele se pudesse libertar dos bens materiais; todavia, não estava acostumado aos limites da escassez, ao equilíbrio da falta, a uma posição menos vistosa, destituída do brilho enganoso da fatuidade e da bajulação.

Renunciar aos tesouros seria um passo na direção da renúncia de si mesmo, e isto lhe era demasiado.

Favorecido pela abundância, receou a carência.

Renunciou, então, ao permanente, e perdeu-se na vacuidade.

*

Possuis, como bens atormentantes, ao lado das moedas, propriedades, títulos, semoventes, as paixões e caprichos deles decorrentes.

Almejas paz e afeição, felicidade e autorrealização; entretanto, quando se te apresenta o ensejo, recalcitras e avalias o montante daquilo que deves doar em troca, optando por prosseguir conforme te encontras.

Queres, porém não estás seguro da opção que deves fazer, da contribuição a brindar, do teu esforço pela libertação.

Somente é feliz aquele que é livre.

Só existe felicidade em quem se encontrou com a verdade, absorveu-a e tomou-a como norma de conduta.

✶

No redemoinho das tuas querelas e conveniências, se desejas vida nova e harmônica, ouve Jesus: "*Despoja-te de tudo, dá aos outros o que seja útil e segue-me*" – propõe Ele.

Desnudado, estarás fecundado pela luz; portanto, livre e feliz.

15

Jesus e Tormentos

Genericamente, o homem tem sido considerado como a massa física e mental, ainda incompleta, que demanda o túmulo e ali se consome.

As religiões reportam-se à alma com um destino adrede fixado para o futuro, repousando na ociosidade ou padecendo na punição intérmina.

O mundo é, para os primeiros, um lugar de prazeres imediatos com a inevitável presença do sofrimento, que faz parte da sua imperfeição; para os segundos, é "vale de lágrimas" ou "lugar de degredo".

De um lado, a simplista informação do nada após a morte; do outro, a fatalidade preestabelecida, violando os códigos do querer, do lutar, do vencer.

Uma e outra corrente de pensamento conduz, inevitavelmente, aos tormentos.

Aqui, o gozo até a lassidão dos sentidos, e ali, a amargura frustrante, a castração da alegria em mecanismos de evasão da realidade.

Fundamentados nessas propostas, surgem aqueles que vivem para fruir e os que se recusam à satisfação.

✶

Jesus foi o protótipo da felicidade.

Amava a Natureza, os homens, os labores simples com os quais teceu as Suas maravilhosas parábolas.

Não condenava as condições terrenas, não as exaltava.

Na posição de Mestre ensinava como se devia utilizá-las, respeitando-as, com elas gerando alegria entre todos, abençoando-as.

Como Médico das almas propunha vivê-las sem pertencer-lhes, assinalando metas mais elevadas, que deveriam ser conquistadas com esforço pessoal.

✶

Os tormentos humanos procedem da consciência de culpa de cada criatura.

Originário de outras existências corporais, o Espírito herda as suas ações, que ressurgem em forma de efeitos.

Quando aquelas foram saudáveis, estes se lhe fazem benfazejos. O inverso é, igualmente, verdadeiro.

Dos profundos arcanos da individualidade, surgem as matrizes das aflições que se lhe estabelecerão no ser como processos depuradores, facilitando a instalação das enfermidades, dos tormentos, das insatisfações.

Da mesma forma, criam-se-lhe as condições favoráveis para a existência, fácil ou árdua, no lar caracterizado por problemas socioeconômicos e morais, ou enriquecido de amor e recursos que lhe favorecem a jornada.

No ser profundo, imortal, encontram-se as raízes dos fenômenos que agora lhe repontam sobre o solo da organização carnal.

✶

Os teus tormentos atuais são tormentos que engendraste em vidas passadas.

Atormentaste com impiedade, e agora sofres sem conforto.

Afligiste sem misericórdia, e ora padeces sem afeição.

Inquietaste com perversidade, e hoje te perturbas sem consolo.

O teu íntimo é um caldeirão fervente.

Os conflitos se sucedem, e sais de um para outro desespero.

Tens dificuldade em exteriorizá-los, verbalizá-los, aliviando-te.

Fobias, complexos, recalques dominam-te a paisagem mental e te sentes um fracassado.

Retempera o ânimo, porém, e sai do refúgio dos teus tormentos para a luz clara da razão.

Ninguém está, na Terra, fadado ao sofrimento, aos conflitos destruidores.

Todos retornam ao mundo para aprender, recuperar-se, reconstruir.

Na ausência do amor-ação, aparece-lhes a dor-renovação.

Assim, dispõe-te à paz, à libertação dos tormentos e lograrás alcançá-las.

✶

No inolvidável encontro de Jesus com a mulher de vida libertina, que Lhe lavou os pés com unguento de lágrimas, enxugando-os com os seus cabelos, temos a psicoterapia para todos os tormentos.

Disse Ele ao anfitrião que o censurava mentalmente por aceitar a atitude da pobre atormentada: "*Ela muito amou, e, por isso, os seus pecados lhe serão perdoados.*" Fitando-a com ternura e afeição, recomendou-lhe: "*Vai-te em paz, a tua fé te salvou.*"

O amor que se converte em reparação de erros é a eficiente medicação moral para todas as chagas do corpo, da mente e da alma.

Ama e tranquiliza-te, deixando os teus tormentos no passado, e, ressuscitando dos escombros, ressurge, feliz, para a reconstrução sadia da tua vida.

16

Jesus e Repouso

Há, no homem, sempre presente, um imenso desejo de repousar, espairecer, sair do trabalho, refazer energias.

Programas de férias se sucedem em todas as quadras do ano, com excursões, esportes, divertimentos.

Quem reside nos campos deseja viajar às cidades; quem trabalha nas montanhas busca as praias; quem vive nos trópicos anela pelo frio, e as recíprocas são verdadeiras.

A *febre* das viagens toma conta das criaturas.

Aquele que não as realiza, sente-se diminuído, marginalizado, sem *status* social.

Por extensão, todos desejam realizar o seu plano alternativo de espairecimento e descanso.

Um grande número se entrega a trabalhos esfalfantes durante o ano para economizar e realizar o seu *sonho* nas férias.

Labora até a exaustão, assume compromissos para pagar depois, a expensas de juros escorchantes no resgate penoso, a fim de gozar hoje.

Comenta-se sobre as facilidades para viajar, as vantagens, e tudo são apenas palavras.

Trata-se de um modismo.

Com raras exceções, as viagens são penosas e as excursões exaustivas. Pouco repouso e muito incômodo. As alegrias e entusiasmos do começo emurchecem à medida que passam os dias, substituídos pelo sono irregular, pelas indisposições, pelas horas intérminas de espera em hotéis abarrotados, com serviços deficientes e outros percalços.

A propaganda bem apresentada fala da excelência de tudo, que a realidade demonstra não ser verdade.

Na ocasião do retorno, quando não acontecem problemas muito comuns em tais ocasiões, recompõem-se as aparências a fim de impressionar aqueles que ficaram, e os comentários exagerados afloram aos lábios sorridentes dos felizardos, que agora partem para a faina de regularizar ou recuperar os gastos, cansando-se muito mais.

✶

Toda mudança de atividade faculta renovação de energias e dá novas motivações.

Um bom balanço de labores define quais as opções de que se dispõe como alternativas para o bem-estar.

O homem necessita, sem dúvida, de férias, de repouso, de espairecimento, que lhe proporcionam alegrias e refazimento para prosseguir trabalhando.

Expedientes excitantes, planos extravagantes, movimentação contínua e horários preestabelecidos constituem esforços desnecessários, com desperdício de energias.

A preocupação com trajes, a aparência, o tormento das compras de novidades e lembranças, exaurem o sistema nervoso, que se desgoverna, gerando irritação e mau humor.

✶

Jesus comentou que *O Pai trabalha até hoje* e Ele "também trabalha".

O trabalho é lei da vida, tanto quanto o é o repouso. Este, porém, não é paralisação, ociosidade, nem corrida da busca de coisa nenhuma.

Como repouso entenda-se tranquilidade interior, recuperação de forças, conquista de otimismo, estar de bem com a vida.

Proporcionar-se relaxação, leitura agradável, esporte sadio, convivência com pessoas experientes, joviais, alegres, sem ruídos, viajar em calma para tomar contato com outros lugares, costumes, indivíduos, sem pressa, constituem método eficaz para um bem utilizado repouso.

Igualmente, meditar, no próprio lar; orar, buscando sintonia com as nascentes do pensamento superior; confraternizar com os sofredores, confortando-os e ajudando-os; asserenar-se, escutando melodias de profundo conteúdo emocional, são recursos valiosos e técnicas de repouso que podem ser aplicados em qualquer lugar, nas horas possíveis.

Basta *entrar no quarto, fechar a porta* e conversar com Deus, conforme ensinou Jesus ao referir-se à técnica da oração. O *quarto* é o mundo íntimo, e a *porta* é o acesso ao exterior. Nesse lugar silencioso, ouvirás Deus.

✶

No teu programa de saúde física e mental, inclui o repouso como necessidade prioritária.

Cuida, porém, do que farás como recurso repousante.

Aproveita a ocasião para descobrires-te, conheceres-te melhor e identificar o que, em verdade, te é indispensável, selecionando com rigor aquilo de que necessitas para uma vida saudável, abandonando ou dando menos valor aos demais.

Repouso, sim, com ação edificante.

17

Jesus e Insegurança

Segurança, na Terra, é conquista muito difícil e remota. Em face da condição de ser "planeta de provas e expiações", o processo evolutivo sempre se apresenta exigindo árduos esforços nas lutas em que todos se devem empenhar.

Igualmente, a constituição somática frágil, sujeita a muitos fatores que a agridem, proporciona estados transitórios de harmonia, alterados por desgastes, desajustes e renovação constante de peças.

Do ponto de vista emocional, as heranças que jazem no Espírito, responsáveis pelo seu crescimento, surgem e ressurgem em forma de angústias e alegrias, que se sucedem umas às outras, até o momento da libertação.

Além disso, o estágio moral em que transitam os indivíduos não lhes tem permitido liberar-se dos seus instintos agressivos, que os levam às neuroses, às paranoias, às enfermidades mentais, à violência.

Multiplicam-se, em consequência, os crimes com celeridade incontrolável, ao tempo em que os mecanismos de repressão igualmente se tornam desumanos, tornando o mundo todo uma imensa arena na qual se digladiam as forças antagônicas em belicosidade incessante, volumosa.

O mercado do sexo, das drogas, dos vícios em geral, vem enlouquecendo as populações, e a insegurança do homem se torna um fenômeno quase normal.

Todos tentam conviver com ela, acostumar-se, quase aguardando a vez de cada um ser agredido.

Instala-se, no íntimo, a desconfiança, e todo um séquito de famanazes a segue, dominando, a pouco e pouco, as paisagens psicológicas do homem.

✶

Compreendendo o primitivismo em que se debatia a humanidade do Seu tempo, Jesus percebeu quão difícil seria a implantação da paz nos corações e quantas lágrimas seriam vertidas, a fim de que tal acontecesse.

Por esta razão, previu as catástrofes e hecatombes que as criaturas desencadeariam, bem como as incontáveis aflições que se imporiam, aprendendo lentamente o respeito pela vida, conforme relata o Seu discípulo no *sermão profético.*[2]

Ofereceu, porém, uma perspectiva de paz, ao afirmar que *aquele que perseverar até o fim, será salvo.*

A salvação, aqui, deve ser tomada como um estado de consciência tranquila, de autodescobrimento, em que o mundo interior assoma, governando os impulsos desordenados e harmonizando o indivíduo.

Salvo está aquele que sabe quem é, o que veio fazer no mundo, como realizá-lo, e, confiante, entrega-se à realização do compromisso estabelecido.

A responsabilidade faculta-lhe segurança relativa para o desempenho da atividade a que se vincula.

---

[2] Marcos, 13:1 e seguintes (nota da Autora espiritual).

Cada pessoa tem um compromisso específico na vida e com a vida. Jesus no-lo demonstrou, e o Seu foi de construção do *Reino de Deus* na Terra.

Não se deteve e nunca postergou essa realização.

Da mesma forma, a segurança pessoal e coletiva resulta do grau de comprometimento do indivíduo, bem como do grupo social.

Ele atestou a segurança que o caracterizava em todos os momentos, por estar comprometido sem restrições.

Propunha: "*Credes em Deus? Crede também em mim; Ide e pregai; Tomai sobre vós o meu fardo e aprendei comigo, que sou manso e humilde de coração...*"

Inúmeras vezes, o seu comprometimento com a Verdade desvelava-Lhe a segurança que O sustentava na ação.

Sem demonstrar agressividade ou teimosia, a Sua certeza era tranquila, a Sua determinação imbatível.

A segurança do Mestre acalmava aqueles que se Lhe apoiavam, que confiavam nEle.

Sempre tranquilo, irradiava essa segurança, que mimetizava quantos se Lhe entregavam, até mesmo diante do martírio que enfrentavam com desassombro.

✶

Jesus ensina como deve o homem lograr a sua evolução psíquica, que deve ser desenvolvida simultaneamente com a orgânica, o que demanda tempo. E, por isso, não apresenta receita salvacionista ou simplista, de ocasião. Antes, propõe o amadurecimento pelo esforço constante, mediante avanços e recuos para fixar o aprendizado e prosseguir até a meta final.

Saber aguardar, esforçando-se, é uma lei que lhe faculta a vitória.

*

Desejando segurança na vida, busca Jesus e a Ele confia os teus planos.

Faze a parte que te diz respeito e não desfaleças na conquista dos objetivos que parecem distantes.

Retempera o ânimo e persevera.

A segurança te virá como efeito da paz que te luarizará o coração, servindo de estímulo para todas as tuas futuras conquistas.

18

Jesus e Sofrimentos

Quando procurado pelos portadores de enfermidades, Jesus sempre os inquiria se realmente desejavam a saúde, ou criam que Ele os poderia curar.

Era de fundamental importância para o restabelecimento do enfermo a sua segurança íntima sobre esses dois requisitos: querer e crer.

Complementando-se um no outro, tornam-se essenciais para o restabelecimento físico e psíquico do candidato à cura.

*

O querer em profundidade, sem reservas, altera completamente o quadro psicofísico do indivíduo, que se transfere do estado inarmônico em que se encontra para o de equilíbrio, auxiliando o organismo na restauração dos seus equipamentos danificados.

A doença não é mais do que um *sintoma* do desarranjo do Espírito, em realidade dela o portador.

O ato de querer libera-o dos elementos perniciosos, geradores dos distúrbios que se apresentam na emoção, na mente e no corpo.

Querer é decidir-se, abandonando a acomodação parasitária ou o medo de assumir responsabilidades novas perante a vida, desse modo arrebentando as cadeias da revolta persistente, da autocompaixão, das *sombras* nas quais o indivíduo se oculta.

Quem quer, investe; e ao fazê-lo, age de forma a colher os resultados almejados.

✶

O crer é uma decisão grave, de maturidade emocional e humana.

A crença vive inata no homem, aguardando os estímulos que a façam desabrochar-se, enriquecendo de forças a vida.

Há uma crença automática, natural, herança arquetípica das gerações passadas, que induz à aceitação dos fatos, das ideias e experiências, sem análise racional. E existe aqueloutra, que é resultado da elaboração da lógica, das evidências dos acontecimentos com os quais a razão anui.

Crê-se, portanto, por instinto e por conhecimento experimental.

✶

Quando se quer, despojado de dúvida, a crença no êxito já se encontra bojo do desejo exteriorizado.

O receio aí não tem guarida, nem as vacilações produzem desconfiança.

A paisagem mental irisa-se de luz e os componentes da infelicidade se diluem sob os raios poderosos da vontade bem dirigida.

✶

Querer e crer conduzem à luta, mediante a decisão de sair da furna sombria para o campo do êxito.

Após o logro feliz, devem prosseguir estes dois valores morais comandando a integridade emocional, para impedir a recidiva.

✶

No episódio do paralítico, que foi descido pelo telhado e posto ao Seu lado, como em outros variados, as duas questões são postas em evidência pelo Mestre.

À pergunta direta: – *Tu crês que eu te posso curar?*, o doente respondeu: – *Sim*, demonstrando a fé que o dominava, ao mesmo tempo retratando querer recuperar a saúde, tal o esforço empreendido para estar ali.

Movimentara amigos e pessoas solidárias; submetera-se ao desconforto de ser conduzido; tivera aumentadas as dores, e, porque queria, conseguiu.

Sensibilizado por tal esforço, Jesus o libertou da doença, de que ele, sem revolta, desejava despojar-se.

✶

Nas tuas dificuldades e dores, abandona a complacência para com elas e toma a segura decisão de querer ser feliz e crer que o conseguirás.

Nada te impede o tentame. Basta que estabeleças, no íntimo, o desejo forte de libertação.

Sacudido pela dúvida, rechaça-a.

Perturbado pelo pessimismo, contempla os triunfadores que lutaram antes de ti.

Não lhes foi diverso o esforço para a vitória.

Sucede que iniciaram o labor sem que o soubesses, e agora vês somente o seu resultado.

Ademais, apela para Jesus com firmeza, certo de que a tua rogativa não ficará sem resposta, e abre-te ao influxo da força restauradora, não lhe opondo barreiras.

Se queres a paz e a saúde, e crês na sua imediata conquista, não adieis o teu momento de consegui-las, pois este é agora.

19

Jesus e Ingratidão

Os sentimentos de amor, justiça, caridade e gratidão são inerentes à natureza humana, herdeira natural do bom, do nobre, do belo. Todavia, porque ainda se demora em crescimento de valores, mais vinculada atavicamente aos instintos primitivos, não se manifestam essas qualidades, que devem ser cultivadas com esforço até que se expressem por automatismos defluentes da sua elevação interior.

Em razão disso, são mais comuns as manifestações agressivas, as rebeldias, as ingratidões que aturdem, mantendo um clima mental e emocional belicoso entre os homens.

Ingratidão, que é desapreço, apresenta-se como grave imperfeição da alma, que deve ser corrigida.

O ingrato é enfermo que se combure nas chamas do orgulho mal dissimulado, da insatisfação perversa. A si todos os direitos e méritos se atribui, negando ao benfeitor a mínima consideração, nenhum reconhecimento.

Olvidando-se, rapidamente, do Bem que lhe foi dispensado, silencia-o, mesmo quando não pensa que o recebido não passou de um dever para com ele, insuficiente para o seu grau de importância.

A ingratidão é chaga moral purulenta no indivíduo, que debilita o organismo social onde se encontra.

Assim, os ingratos são numerosos, sempre soberbos, e *autossuficientes*, em dependência mórbida, porém, dos sacrifícios dos outros.

✶

Jesus sempre admoestava os ingratos que Lhe cruzavam o caminho.

Nunca Lhe faltaram no ministério estes infelizes.

No admirável fenômeno de cura orgânica dos *dez leprosos*, patenteiam-se a ingratidão dos beneficiados e a interrogação do Mestre, diante daquele que havia retornado para agradecer: *"Onde estão os outros? Não foram dez os curados?"*

Nove se haviam ido, apressados, para o gozo e a algaravia, recuperados por fora, sem liberação da doença interna, que desapareceria somente a partir do momento em que fossem agradecer, modificando-se psicológica e moralmente.

Na tragédia do Calvário, não se encontrava presente nenhum dos que foram beneficiados pelas Suas mãos, e estes haviam sido muitos.

Ele iluminara olhos apagados; abrira ouvidos moucos; ofertara som aos lábios silenciosos; dera equilíbrio a mentes tresvariadas; movimentos a membros mortos; vida a catalépticos; recuperação orgânica a portadores de males inumeráveis e, no entanto, ficou esquecido por todos eles. Não obstante o Bem que receberam, fugindo do reconhecimento, os ingratos viram-se diante de si mesmos, das consciências molestadas pelos remorsos, tornando a enfermar e morrendo, pois que deste fenômeno biológico ninguém escapa.

✶

O Mestre conhecia as debilidades morais do homem e sempre se preocupava em alcançá-las, a fim de que as pretendidas curas alcançassem as matrizes das doenças, onde as mesmas se originam, erradicando-as, de modo que não voltassem a produzir miasmas e males perturbadores.

A Sua era uma constante proposta de renovação de metas, de atitudes, de pensamentos.

Sendo o exemplo máximo, pedia que O vissem, isto é, que Lhe tomassem a conduta de desapego das paixões cáusticas e cuidassem de *uma só coisa necessária*, que é o *Reino de Deus* embutido no coração.

Na busca do mais importante, o seu encontro elimina o secundário, que deixa de ter valor, para ceder lugar ao essencial, que é o necessário.

Os homens, porém, na superficialidade dos seus interesses, anelam apenas pelo imediato, que lhes satisfaz num momento, deixando-os ansiosos outra vez.

Por imaturidade espiritual, ceifam a árvore de onde retiram os frutos de hoje, acreditando, com ingenuidade, que não terão fome amanhã. E quando esta se apresenta novamente, não têm onde recolher o alimento.

Assim agem os ingratos.

Toldam a água da fonte que os dessedentou; queimam o trigal que lhes deu o pão; cortam a planta frutífera que os alimentou; afastam o amigo generoso que os socorreu.

Em contrapartida, vivem a sós, amesquinhados em si mesmos por conhecerem o íntimo.

Desconfiados, neurotizam-se; arbitrários, são desamados; soberbos, passam ignorados.

*

Não te preocupes com os ingratos dos teus caminhos de amor.

Prossegue, ofertando luz, sem te inquietares com a teimosia da treva.

Onde acendas uma lâmpada, a claridade aí derramará dádivas.

Os teus beneficiários que te abandonaram, esqueceram ou se voltaram contra ti, aprenderão com a vida e compreenderão, mais tarde, o que fizeram.

Recordarão das tuas atitudes e buscarão passar adiante o que de ti receberam.

Não é, portanto, importante, o tratamento que te deem em retribuição, mas sim, o que prossigas fazendo por eles.

20

Jesus e Inimigos

O progresso tecnológico, favorecendo o conforto, implacavelmente nivela os homens em uma só faixa, produzindo um tipo de igualdade desumanizadora que o consumismo estabelece como logro social relevante.

Por efeito, uma comunidade é tida como feliz em razão dos instrumentos eletrônicos de que dispõe, dos automóveis, iates e até aviões que aguardam para serem utilizados.

Os modismos assolam, gerando um comportamento *mesmista*, em que os indivíduos se imitam, assumindo posturas idênticas, com enfraquecimento dos ideais, da ética, da família, da criatura em si mesma.

Reagindo a tal conduta, multiplicam-se aqueles que se apresentam originais, já não surpreendendo pelo exotismo e desprezo a tudo e todos, denominados como "reacionários por protestos", de imediato aceitos, imitados e absorvidos, logo passada a novidade.

Tais posturas escondem os chamados *complexos coletivos*, que destroem a vida, instalando o clima de indiferença, quando não de instabilidade nas pessoas.

Há modelos para todos os nivelamentos de indivíduos com injustificável desprezo pela sua identidade humana.

Sufocado pela falta de humanidade, o homem busca refúgio nos partidos políticos, nos clubes sociais e desportivos, nos aglomerados, temendo enfrentar-se.

Permanece na multidão, sofrendo de insuportável soledade.

Vê inimigos em toda parte e busca afastá-los, usando artifícios segregacionistas de vários tipos, embora fantasiando-se de democrata e solidário.

✶

Os inimigos mais cruéis, todavia, permanecem no imo das próprias criaturas, que os vitalizam com o orgulho o egoísmo e o disfarce da acomodação social aparente.

Jesus soube identificá-los, como jamais alguém logrou fazê-lo em tal profundidade.

Ouvia os Seus interlocutores, que embora dissimulassem os motivos reais que os assinalavam, não conseguiram passar despercebidos.

Diante da Sua visão penetrante, desnudavam-se os hipócritas e enganadores.

A Sua posição moral impunha-se-lhes, no entanto, e Ele os enfrentava com amor ou energia, conforme a circunstância e a intenção de que se revestissem; sempre, porém, generoso.

Levava cada um a auscultar-se e adentrar-se, a fim de extirpar as matrizes do Mal em desenvolvimento.

Logo depois, estimulava-os ao crescimento pessoal, desarticulando os mecanismos mentais e sociais que conspiravam para a decadência geral, pela queda do nível cultural e emocional que deve constituir a base da sociedade.

✶

Em a negativa de Pedro, três vezes repetida, a respeito do Amigo, temos uma lição de grande magnitude, porquanto, tão logo ele veio a cair em si, *chorou amargamente.*[3]

A explosão das lágrimas foi-lhe a oportuna catarse liberativa do arrependimento que o poderia neurotizar, levá-lo, como aconteceu a Judas, ao suicídio infame.

Reergueu-se da queda, venceu o medo inimigo e a pusilanimidade adversária, dando, a partir dali, todo o restante da vida ao serviço de reparação pelo Bem.

Jesus, por Sua vez, aceitou-lhe a oferenda de amor, utilizando-o no ministério.

O Mestre conhecia-o. Por isso, anunciara-lhe a defecção porvindoura, as fragilidades, apontando-lhe os inimigos internos que deveria combater.

✶

Não temas enfrentar as tuas *sombras*, esses inimigos que vigem em ti mesmo.

Fortalece o ânimo e concentra-te em Jesus, a própria terapia atuante.

Deixa que a tua emoção O alcance.

Não tenhas medo destes adversários com os quais convives sem saber.

Identifica-os, um a um, desembaraçando-te logo após da pressão que exercem sobre ti.

---

[3] Mateus, 26:75 (nota da Autora espiritual).

Recupera a tua humanidade, sendo tu mesmo.

Convive com todos no teu grupo social, mas preserva-te, sem seguir os modelos fabricados pelo consumismo devorador e neurotizante.

Permanece aberto à renovação, à diversidade, à tua identidade.

Desprovido de prevenções e precauções perturbadoras, gozarás de otimismo, fator essencial a uma vida sadia e a um inter-relacionamento social saudável.

Este livro foi impresso na
LIS GRÁFICA E EDITORA LTDA.
Rua Felício Antônio Alves, 370 – Bonsucesso
CEP 07175-450 – Guarulhos – SP
Fone: (11) 3382-0777 – Fax: (11) 3382-0778
lisgrafica@lisgrafica.com.br – www.lisgrafica.com.br